La Disciplina del Comentario de Textos

Psicoanálisis 1

Carlos Márquez

La Disciplina del Comentario de Textos

La palabra método significa procedimiento, una serie de pasos para conseguir un determinado fin. Pero su etimología está más próxima a lo que significa la palabra "tao": Un camino. Hay diferentes maneras de entrar en un camino. Hay una manera procedimental, pero hay otra manera que no lo es. Hay un salir a caminar que es estar abierto al encuentro. Tal vez como "método" se convirtió en "procedimiento", Lacan no llama siempre a su forma de lectura de esta manera. El nombre propio que le da es "Disciplina del comentario de textos". Es una disciplina en la que uno se va abriendo su propio camino, pero sabemos que las elecciones que hacemos están determinadas. Somos ingenuos del inconsciente, sabemos que aparte de la voluntad que tenemos, hay siempre otra cosa que puede aparecer, entorpecer y que puede hacer cambiar las cosas de pronto, hacer que aparezca una novedad.

La disciplina del comentario de textos es entonces la manera como los psicoanalistas nos relacionarnos con el saber. Es un materialismo del significante en el cual el texto funciona como causa de elaboraciones, de material. Ponemos al texto en el lugar de interpretarnos a nosotros. Constituye una de las patas del trípode de la formación del psicoanalista junto con la supervisión y el análisis personal. En los "Principios del Acto Analítico" se le llama formación teórica para-universitaria.

En la disciplina del comentario de textos se actualizan los cuatro conceptos fundamentales pues el material que se produce sorprende al mismo sujeto con la emergencia de su inconsciente; implica el lazo amoroso con la comunidad psicoanalítica mediante una transferencia; la lectura que se realiza está prisionera de los mismos determinantes significantes que fijan en la propia repetición, de modo que conforme se avanza en su análisis, el sujeto podrá leer los textos con mayor libertad, sabiendo sus determinaciones puede leer los textos sin un sentido prisionero. Abrirse camino de otra manera en la lectura, nunca una libertad total, sino una mayor libertad, relativa a los elementos determinantes de la propia constitución; y finalmente no se excluyen los efectos de goce en el cuerpo cuando el encuentro con la letra toca las configuraciones gramaticales de las pulsiones.

Además en la disciplina del comentario de textos encontramos los aspectos clínico, epistémico y político de la formación psicoanalítica. El aspecto clínico, pues leer de este modo tiene efectos en la propia posición como analizante y como psicoanalista, efectos de formación; el aspecto epistémico porque más allá del progreso en el manejo de las fuentes, se producen modificaciones en los modos de vincularse con un saber cada vez más rebosante, Lacan en Función y Campo de la Palabra y del Lenguaje en Psicoanálisis llama a esto el "muro del lenguaje"… y no había llegado a ver toda la producción cultural que hay por ejemplo en YouTube, donde todos los días se producen muchísimos días de videos; finalmente en el aspecto político porque tiene como orientación no la consecución de un aprendizaje o una maestría sobre una técnica, sino la constitución de las condiciones subjetivas para la producción de un acto, el aislamiento de un principio que permita orientarse frente a lo real. Esto difiere con cualquier otro uso de la lectura que pueda hacerse. La orientación es la separación de una situación entrópica o la organización del sujeto frente a lo contingente.

Como el discurso psicoanalítico es reciente, no es de extrañar que haya tenido que hacer emerger un tipo de relación con el texto diferente a lo que existía hasta ese momento. Las aproximaciones al saber que produce difieren de las que son típicas en la universidad, de las cuales citaremos dos: una es la manera explicativa, encontrar la causa de las cosas, una causa sin sentido, matematizada, no final sino eficiente.

La otra manera es la comprensiva. La *Verstehen* es un invento del romanticismo alemán que en las ciencias sociales se articula con Weber en la tradición de Dilthey y pasa por Gadamer y Hanna Arendt. Es una respuesta a la dimensión causal explicativa del saber en la cual se reivindica una diferencia substancial de lo humano. Para la *Verstehen,* como el ser humano es capaz de sentido, de dotar de significado, no se puede estudiar de la misma manera como se estudian las ranas, los rayos, las piedras, los planetas, que no dotan de sentido lo que les sucede. Weber plantea una complementariedad entre la explicación causal y una revisión que incorpora la vertiente comprensiva donde el sujeto que investiga no está excluido del saber que está produciendo porque él es quien interpreta y se usa a sí mismo como instrumento de investigación, por los efectos que sobre él, sobre los efectos que su capacidad de para dotar de sentido, tiene su relación con las cosas que está investigando, que son propias de los seres humanos como la cultura o la sociedad.

Tenemos así los dos grandes maestros de las ciencias sociales que son Weber y Durkheim. Este último por la vertiente explicativa, "Hay que tratar a los hechos sociales como si fueran cosas" y Weber por la vertiente comprensiva que es "hay que comprender la acción social", es decir, hay que entender cómo los agentes dotan de sentido a la acción social. Estas dos formas de lectura degeneran en la actualidad en lo "cuantitativo" y lo "cualitativo".

A diferencia de estas maneras de leer, cuando hacemos disciplina del comentario de textos hacemos una apuesta, no solamente no sabemos a dónde vamos a llegar, sino que tampoco en qué nos vamos a convertir. El problema aquí es lo que para uno constituye encuentro. En el psicoanálisis no es que yo interpreto como sujeto, incluyendo la posibilidad de utilizarme a mí mismo como instrumento de investigación, sino que me hago interpretar, en el sentido diferente, irónico, que tiene esa palabra en psicoanálisis. Más que dotar de sentido se trata de hacerme traumatizar por el texto, encontrarme en problemas con los problemas que plantea el texto y devolverle esos problemas para que responda a las preguntas que él mismo me ha causado.

No es la posición de un aprendiz, es una puesta a prueba tanto de mi posición de sujeto como del texto que estoy leyendo. La posición de alguien que se hace responsable de los efectos de este encuentro traumático. El texto debe responderme a mí por los problemas que me estoy planteando en mi actualidad, y si no, se abre el camino de la invención. Esto puede extenderse desde un texto hasta una catedral, a algo que sucede en la sociedad, algo de la política. El psicoanalista está formándose siempre como lector. El analizante se forma como un lector de su inconsciente, pero lo que da el paso como psicoanalista es un lector de algo más allá de esto. Lo que toma posición como miembro de una escuela es un lector de lo que está pasando en su sociedad. Un lector ávido, despiadado consigo mismo y con lo demás. Es el texto entendido como una textura de los significantes que no se están quietos sino que se deslizan, como dice Lacan en La Conferencia de Milán.

Como sujeto del inconsciente estoy sujeto a esos efectos y estoy conminado a recogerlos para hacerme responsable por ellos, así como pasa con mis lapsus, olvidos y actos fallidos. Lo que se produce en el encuentro con un texto tiene ese mismo estatuto. Esto sucede de una manera análoga pero no idéntica a la interpretación en el dispositivo analítico, de manera que es imposible que la práctica de la disciplina del comentario de textos sustituya la experiencia psicoanalítica propiamente dicha... ¡y sin embargo cuántas veces no llevamos a nuestro análisis los efectos del encuentro traumático con algún texto o con algún otro producto de la cultura que tiene este estatuto para nosotros!

Cuando leemos en psicoanálisis

La revuelta de Gadamer en contra de la ilustración y el cientificismo que llevaba aparejado, significa una relación problemática entre dos discursos casi idénticos estructuralmente, el de la Histeria y el de la Ciencia. Su revuelta lo hace reivindicar la verdad como revelación, que es precisamente lo que queda excluido del ámbito científico, determinado por la verificabilidad racional de los enunciados producidos en su seno.

Hay una diferencia estructural entre: a) El comentario de textos que propone Lacan en su vuelta a Freud y eso que suponemos pudo existir en el momento lógico previo a la fundación de las universidades y que se realizaba en las escuelas medievales, ubicados en el Discurso del Analista; b) la Hermenéutica y la crítica histórica, ubicadas en el Discurso de la Histeria; y c) la ciencia que funda Descartes y se expande por todos los órdenes de saber que le fue posible a partir del siglo XVII.

La diferencia radica en el lugar que tiene pérdida de goce en cada una de estas configuraciones del vínculo social: a) como expuesta y causa del deseo de comentar un texto; b) como supuesta o verdad reprimida de la que se hace síntoma un sujeto; o c) como forcluida o efecto de rechazo para poder fundar un saber sobre lo real, sostenido en una certeza, que coincide con la relación de un sujeto con un Dios que no engaña.

La estandarización en los llamados métodos escolásticos en la fundación de la universidad, está vinculada con un movimiento del comentario de textos hacia el Discurso Universitario. El estándar metodológico es un saber expuesto sobre el cómo debe ejercerse una praxis, con un añadido de burocracia y procedimientos para garantizar el control de la emergencia del acontecimiento. Se puede rastrear en los "métodos escolásticos", una práctica lógicamente anterior que suponía el saber al texto y promocionaba el acontecimiento y la inconsistencia.

En el comentario de textos se comienza por la conclusión. Al estar el objeto de goce en el lugar del agente, como causa, lo que hace es desnivelar, desigualar con el entorno, ir en contra de la entropía como equilibrio. Ir en contra del principio del placer en función, no ya de un fantasear de la completitud sino en función de ubicar al sujeto en una determinada actualidad, para producir una agudeza que le permita sortear el mar de pulsión de muerte que llamamos cultura.

Es esto lo que está como antecedente lógico del inicio de la universidad, hasta que las escuelas pactan con el amo de su momento. Y posteriormente, ya en la modernidad madura, con esa mutación maquinal del discurso de la histérica, llamada ciencia. Desde estos dos hitos diferentes, el sentido de la lectura de textos no será ya producir destellos de sin – sentido en relación con el saber supuesto a un texto, sino proponerse comprender el efecto de la ciencia sobre la vida en general. Hacer la filosofía de la ciencia, la sociología de la ciencia, la historia de la ciencia. Enseñar los logros heroicos de la ciencia, pensar la ciencia, encapsular la ciencia. Aplicar la ciencia, extender el discurso de la ciencia a todos los entramados del orden social. Crear la "ciencia unificada", el sueño del positivismo lógico. Pero también reformar las instituciones universitarias para hacer todo lo que se pueda hacer de modo científico, con el método científico aun ahí donde no se pueden esperar más que efectos contradictorios de esta tentativa. La universidad moderna es un dispositivo para encapsular la ciencia y ponerla al servicio del orden social, servicio al cual ella no se resiste con mucho ahínco. También será el lugar del texto enciclopédico, no ya como palabra revelada de un Dios vivo que quiere decir algo, sino como el mar de los nombres propios de los muertos, dispuestos en orden alfabético.

La universidad ya se había mostrado eficiente, en sus comienzos históricos, como dispositivo para encapsular las escuelas en las que el comentario de textos era la labor. Para servir al propósito del Papa y del Rey de estandarizar las respuestas posibles que podían surgir del pensamiento medieval. Para empujar al metodologismo que terminó por hacer tanto hincapié en las formas de los métodos escolásticos, que ya nada de lo que se producía podía ser considerado más que tonterías, terquedades, imposturas[1]. El Discurso Universitario produce sujetos sintomatizados en relación con el saber, que se convertirán en escépticos cuestionadores, ideales para el nuevo discurso emergente de la ciencia.

La universidad, que fue establecida para la defensa de las comunidades universales que encontraban asiento en los alrededores de Paris y otras ciudades importantes en la Alta Edad Media, rápidamente devino en formadora de teócratas

---

[1] Al respecto es sumamente ilustrativa la etimología de la palabra inglesa "dunce", la cual proviene del nombre del filósofo de la Edad Media Juan Duns Escoto. Esta es una apreciación obviamente injusta sobre uno de los comentadores más importantes del escolasticismo, pero muestra parte del origen del rechazo de las generaciones posteriores a una forma de pensamiento anquilosada.

(GILSON, 1958, págs. T2-27), para pasar en la modernidad a la formación de burócratas. En nuestra época se forman allí los llamados tecnócratas.

La universidad fue desde el principio un intento logrado para controlar los efectos políticos de la discusión de los textos, de la la proliferación enunciativa de la agudeza. Con el saber como agente, no deja ver la verdad de su discurso, albacea del decir de un Dios muerto, que debe ser objeto de interpretación autorizada. Es el discurso de la reglamentación, del rito, del dogma, de la burocracia eclesiástica, de la teocracia que nos menciona Gilson. Pero también en la modernidad, de la burocracia secular, de la tecnocracia producida por las universidades aliadas ahora al Discurso de la Ciencia, de la estandarización de todas las prácticas que se someten a su saber con pretensión de absoluto.

El Comentario de Textos se distingue así de la histérica comprensión, y la universitaria estandarización. El saber que produce confusión, se distingue del escepticismo que empuja a saber y del deseo de la máxima diferencia. Hay una distancia entre la confusión y el sin – sentido, frente a la compulsión a saber más y más.

Ese esfuerzo monumental de concentración y fijación eternizada del sentido, que se llama el saber universitario, no se hizo posible sino como defensa frente a un tipo de relación con el saber que estaría sería el presupuesto fallido de su emergencia. Esta práctica es la que Lacan rescata de las oscuridades de la historia del pensamiento, para utilizarla en su vuelta a Freud. No deja de ser inquietante el hecho de que el nombre de Freud esté constantemente censurado de los ámbitos universitarios, dándonos la percepción del horror que produce el retorno de lo reprimido.

Más que el retorno de lo reprimido, es el retorno de la vergüenza, del saber supuesto, en oposición al saber expuesto, y la promoción de una práctica que se sustenta en principios, pero que por la naturaleza misma del texto del que se ocupa, es decir el del inconsciente, no soporta la reglamentación de la lectura. Si bien está sostenido por una ley que lo regula, de no ser así no sería un discurso, no tolera un procedimiento sin que se cierre el texto que quiere hacer hablar. Porque aunque uno esté sometiendo a comentario al texto más alejado aparentemente del psicoanálisis que podamos imaginar, lo que habla allí, de estar efectivamente haciéndose un comentario, es el sujeto del inconsciente; y lo que se produce, en lugar de universales o generalizaciones, es la distinción máxima.

Carlos Márquez

Designio

El discurso psicoanalítico se ha estado inventando por más de cien años y no se ha quedado quieto ni va a quedarse quieto, hay que seguir el ritmo de lo que va cambiando. Hay que estar despierto al hecho de que es un invento y que esto no es una consigna, es un designio. Es una tercera posición en la cual no se plantea la naturalidad del discurso, pero tampoco su construcción consensual o conflictiva entre agentes dueños de sí. En la decisión por el invento, que demuestra que los discursos son inventos, está su misma potencia subversiva.

Lacan escribe "De un Designio" para dar al lector "alguna idea del designio de nuestra enseñanza" (LACAN, De un designio, 2006, pág. 349). Designio significa "pensamiento, o propósito del entendimiento, aceptado por la voluntad". En un designio la voluntad accede a lo que propone la razón. Designar equivale también a planificar, establecer una meta y realizar los actos correspondientes para conseguirla.

Está compuesta por la preposición "de" que refuerza el significado y la palabra latina de la que proviene la serie: signo, seña, señal. Designar es señalar, marcar. Lacan ha designado su enseñanza, en el sentido de que le ha dado un propósito, pero también quiere distinguir lo que él enseña de lo que pasaba en ese momento en cuanto al problema capital de la formación de los psicoanalistas.

Los textos sometidos al comentario se prueban en relación con los problemas que se plantean y la actualidad que esos problemas son capaces de conservar. Una novedad que adviene con violencia. El riesgo de esta violencia se mide en relación a la actualidad de los problemas que el texto planteó en otro momento. El designio es el encuentro con el acontecimiento, con el trauma.

Hay una orientación hacia la reducción del sentido a letra, hacia la subversión del "sí mismo" en su centralidad virtual. La letra sirve como señal del lugar desde dónde se inicia el recorrido, en retroacción conoceremos, lo que esa letra cernía.

El psicoanálisis participa de la discusión acerca de lo social, bien sea en términos del efecto que la cultura tiene en el sujeto, o por los efectos que los descubrimientos psicoanalíticos tienen sobre las distribuciones epistémicas de la cultura. Para Freud el objeto del psicoanálisis implica de entrada una relación con lo social, por ello afirma que "La relación del individuo con sus padres y hermanos, con su objeto de amor, con su maestro y con su médico, vale decir, todos los vínculos que han sido hasta ahora indagados preferentemente por el psicoanálisis, tienen derecho a reclamar que se los considere fenómenos sociales..." (FREUD, 2004, pág. 67)

En este sentido Lacan nos dice que "...lo colectivo no es nada sino el sujeto de lo individual." (LACAN, El tiempo lógico y el aserto de certidumbre anticipada, 2006, pág. 203). De modo que si hay una operación epistemológica particular del psicoanálisis, esto es, una operación del sujeto típica de este discurso, sería la *distinción*, la de-signación, la des-masificación.

La distinción no es la clasificación estructuralista, ni la explicación positivista o marxista, ni la comprensión cualitativa weberiana. Constituye un acto del sujeto en relación con un entorno que se presenta como entrópico, pero que es función de él mismo sin que lo sepa. Es la política del psicoanálisis para el saber.

La disciplina del comentario de textos es una expresión de Lacan que no es tan común, se convierte gracias a los lacanianos en una práctica que tiene una forma. En los seminarios del INES y otros antes de estos, tenían una estructura en la cual había cuatro momentos, el argumento, la disciplina del comentario de textos, la perspectiva del concepto y la lógica de la cura. El invitado desarrollaba el argumento y otros colegas hacíamos cada una de las otras partes. En las perspectivas del concepto se hace un trabajo de recorrido por los diferentes momentos de la enseñanza de Lacan y las conexiones de ese concepto con otras disciplinas. En la lógica de la cura se intenta esclarecer algo de la teoría con un momento de la práctica clínica de quien presenta. En la disciplina del comentario de textos se elige un párrafo, y se articula un discurso sobre ese párrafo.

En la metodología de las ciencias sociales hay dos grandes tradiciones: la tradición de la explicación y la de la comprensión. Durkheim funda en la sociología la de la explicación, engarza con Descartes y con el método de las ciencias naturales. La primera se manifiesta como con epifanías de la causa y taxonomías del modo. ¿Cuál es la causa de que haya cuatro puntos luminosos girando alrededor de Júpiter? ¿Cuál es la causa de las mareas? ¿Cuál es la causa de que las cosas caigan?

Comprender significa interpretar el sentido de una acción. Frente a la vertiente que parte de Descartes, pasa por la ilustración y desemboca en el positivismo, la reacción romántica conservadora combate esta vertiente, la cuestiona. En las ciencias sociales esto desemboca en la sociología de Max

Weber, sociólogo alemán, quien propone la *Verstehen* en el debate de los métodos de finales del siglo XIX. La reacción romántica conservadora planteaba que no se puede entender al ser humano como se entiende cualquier objeto de las ciencias naturales, como establece la propuesta positivista.

La propuesta positivista en ciencias sociales era asumir el método que se había mostrado eficaz, que había aislado la astronomía desde Galileo y Kepler, la Física desde Galileo hasta Newton, la química de Lavoisier y la biología de Darwin, que había permitido separar las tres grandes ciencias, entonces había que aplicar ese mismo método para tener una ciencia social. Eso es lo que plantea Durkheim cuando dice que hay que tomar a los hechos sociales como si fueran cosas porque son exteriores y coercitivos. Los individuos los padecemos como si fuera un rayo o una inundación. Si reaccionamos y decimos "no quiero hacer eso" lo pago en principio sintiendo una oposición interna, un malestar, y en extremo yendo a parar a la cárcel o el manicomio.

Los hechos sociales son exteriores y no los puedo transgredir porque lo pago. Es más, yo estoy de acuerdo con esas acciones y creo que las realizo porque lo decido. Hay aquí un antecedente del estructuralismo y del inconsciente estructurado como un lenguaje de Lacan.

Weber plantea que hay que ir más allá y preguntarse por la motivación de lo que hacen los seres humanos. El ser humano tiene una novedad absoluta, produce sentido, la *Verstehen* es reconstruir el significado de la acción social. En la genealogía del psicoanálisis, esta alma profunda de los románticos, que no se supedita a la superficie de lo dado ni a la estructura determinante tiene un lugar, aunque sea para distinguirse de ella radicalmente.

A parte entonces de estas dos orientaciones en el tratamiento sobre lo humano, emerge un objeto nuevo en el campo epistémico, la letra freudiana. Se puede rastrear hasta la monografía sobre "Las Afasias", que no está compilada en las obras completas de Freud. Los otros hitos de este objeto son el "Proyecto de una psicología para neurólogos" de 1895, "La interpretación de los sueños" de 1900 y "Más allá del principio del placer" de 1920, entre otros. En esos cuatro momentos se aíslan cuatro rasgos de la letra freudiana: sistema de pura diferencia, múltiples instancias de diferenciación, separación óntica de lo psíquico y lo somático y dispositivo de descarga de goce.

Así se fundamenta la tesis de Lacan según la cual Freud descubrió el significante antes de que Saussure lo articulara y fundara la lingüística moderna. El último rasgo es la novedad absoluta, que hace que Freud no sea un estructuralista, ni el psicoanálisis un análisis de discurso. La letra freudiana sirve para satisfacerse además de para diferenciarse.

La aparición de ese objeto permite una tercera manera de arreglárselas con el saber. Al lado de la explicación, en una tradición que no se sucede sin cambios y rompimientos entre Descartes, la ilustración y el positivismo, y de la comprensión, como respuesta romántica a aquella, está la distinción que en lugar de establecer encadenamiento, produce la ruptura material de la cadena significante. En vez de sentido, produce rompimiento del sentido.

Si en Durkheim hay un gesto de exclusión del objeto de goce del investigador del discurso de la histérica, y en Weber tenemos la reintegración del objeto al lugar de la verdad para sostener el discurso de la histérica en toda su plenitud, con la distinción hacemos un cuarto de vuelta.

En la comprensión, cuando uno interpreta se utilizan los propios prejuicios. Lo retoma así Gadamer un tiempo después de Weber. En la propuesta del psicoanálisis hay un cambio de discurso, no es una regresión del discurso de la ciencia al de la histérica, sino poner el sujeto en el lugar del trabajo a producir significantes que estén aislados de la cadena. Eso equivale al discurso del analista.

Esta es la tercera manera de aproximarse al saber, que es análoga al discurso psicoanalítico. Amplificamos así el método que es parte de un aparato de transmisión y le dimos categoría de una operación epistémica propia del discurso psicoanalítico, que está fundamentada en un nuevo objeto llamado la letra freudiana. La cual no tiene para nosotros el valor solamente de un significante estructuralista, es un aparato de descarga de goce.

Así, tenemos al discurso de la ciencia, con la exclusión de la verdad del sujeto. Si se es un biólogo que está investigando cómo se aparean las ranas, no se está pensando en los propios problemas sexuales, ni en el sentido de goce que tiene para uno el objeto de su investigación. Tenemos la comprensión en la que además de explicar hay que interpretar el sentido de la acción social, reconstruir el sentido de la acción, que puede ser inconsciente para el mismo agente, aunque en un sentido diferente de la noción de inconsciente freudiano. Pero para los románticos el alma no es idéntica a la consciencia como para Descartes, sino que tenía profundidades y contenidos atávicos de la raza, el folklore, que es de donde sale la desgracia teórica que es Jung. Los románticos cuando editan los cuentos de las nanas los editan y los establecen, creyendo que los están recopilando, que están buscando en las profundidades de una sabiduría más allá de la razón, que existiría en el pueblo y no en las élites intelectuales, en el campo y no en la ciudad, en el sentimiento y no en la razón. Son las oposiciones que el romanticismo toma de la ilustración y hace lo que llamaría Nietzsche una transmutación de los valores.

Y finalmente tenemos el psicoanálisis, cuya meta es mucho más "humilde", menos exigente, que equivale a decir "esto no es esto". Distinguir, romper la cadena significante. Romper el sentido. No es decir por qué esto no es esto, ni decir el sentido de quien dice esto y esto otro, sino deslindar. Establecer una partición entre dos cosas.

La "distinción" es el nombre del acto de romper la cadena significante. Gracias al discurso psicoanalítico tenemos otra manera de enfrentarnos al problema de la producción del saber. Allí asumo la posición de sujeto, hago asociaciones a partir del material que me causa a hacer asociaciones. Puede ser un libro, una catedral, una realidad política. Asocio hasta que cae un significante. Esto puede ser por la vía de desarmar un constructo, separando dos significantes, o fusionando dos cosas que aparecen separadas. Es decir, como veremos, haciendo una analogía con la física, se da por fisión o por fusión.

Hay una debilidad de la distinción como operación epistémica, puesto que en relación con la ciencia y la comprensión aparece como en desventaja al no articular un nuevo saber. Esta desventaja se disipa en lo que nos fijamos en que lo que hace el psicoanálisis con relación al saber tiene un horizonte ético que es orientar un acto. Lo que hacemos aquí no es para saber, sino para orientarnos en relación con lo real.

La disciplina del comentario de textos basándose en la letra freudiana como un nuevo objeto que emerge a finales del siglo XIX, que establece una nueva operación epistémica que llamamos la distinción, tiene como orientación el acto y no la producción de un nuevo saber. Lo que se pierde por la simplicidad de lo que se produce en relación con el saber, se gana por las posibilidades del hablante para orientarse en un mundo que es cada vez más entrópico. Restituye a la relación con el saber algo que se había perdido, pues en la antigüedad cuando en las escuelas se quería saber, era para llegar a saber cómo hacer. No un saber maquinal que se reproduce a sí mismo y después se ve si se le consigue utilidad, y vaya a saber usted cuál. Sino que en la distinción la utilidad, la ética de lo que pasa con el significante, es intrínseca al mismo método.

En la ciencia la utilidad es accidental. Un científico estudió durante 20 años los coleópteros de las costas de Inglaterra. Una distracción poderosa al decir de Freud, una exclusión de la propia causa del deseo del ámbito del sujeto, usando la lógica de los discursos de Lacan. Se dio cuenta de que los coleópteros de un color estaban asociados a una latitud más cálida y los de otro color a una latitud más al norte, más fría. Se da cuenta de que los coleópteros del color asociado a la latitud más calidad comienzan a colonizar las zonas donde vivían los de las latitudes más frías. Eso no se hacía esperando ninguna utilidad. Se hacía porque él quería, y porque conseguía quien financiara su investigación. Un día se convirtió en una de las primeras señales de alarma del calentamiento global. Encuentra utilidad como indicador. Pero nada en su investigación necesitaba encontrarse con la utilidad. Una de las cosas que la ciencia moderna defiende desde su comienzo es el derecho de saber cosas que no sirvan para nada.

En cambio, en el caso del discurso psicoanalítico, la aplicabilidad es inmediata. El sujeto establece una relación con el saber presionado por el hecho de que debe encontrar una mejor relación con su síntoma. En esa medida, la relación con el saber cae, llega a no hacer falta.

En el psicoanálisis episteme y ética tienen una relación intrínseca, no como en la ciencia que nos va a matar a todos porque no tiene ningún límite intrínseco. Es una máquina desencadenada.

Carlos Márquez

Ruptura material de la cadena significante

El trabajo teórico en psicoanálisis se realiza principalmente en la lectura de textos. En el octavo principio del acto analítico se recuerda que "La formación analítica, desde que fue establecida como discurso, reposa en un trípode: seminarios de formación teórica (para-universitarios), la prosecución por el candidato psicoanalista de un psicoanálisis hasta el final (de ahí los efectos de formación), la transmisión pragmática de la práctica en las supervisiones (conversaciones entre pares sobre la práctica)" (LAURENT, 2006).

Comparemos más detenidamente la comprensión hermenéutica y la disciplina del comentario de textos. Si tomamos el camino de la primera, la teoría es un insumo del discurso para producir un sentido nuevo, si elegimos el segundo camino la teoría psicoanalítica debe ser tomada como experiencia congelada, análogamente a como se dice en la teoría de la relatividad que la materia es energía congelada. "Todo el mundo sabe que de una silla se puede obtener energía. Para ello sólo se necesita partirla en pedazos y meterla en una estufa, antes de que aparezca el dueño. Pero, ¿se convierte entonces efectivamente la materia en energía? La respuesta es negativa. Lo único que ocurre es una reordenación de los componentes de la madera. Los núcleos de los átomos y los electrones que giran alrededor de ellos no son destruidos por el fuego, sino simplemente combinados entre sí y con el oxígeno del aire de una manera distinta, proceso en el que se desprende calor." (La teoría de la relatividad)

Siguiendo esta analogía, la comprensión hermenéutica consiste en una combinación de los elementos significantes para obtener un sentido alternativo al que había previamente. Como lo que hace el ladrón de sillas del ejemplo que hemos tomado, donde la recombinación de los elementos produce una liberación de calor, en esta recombinación de los elementos significantes que es la comprensión hermenéutica se produce un plus de sentido, separado del goce específico de ese sujeto. Se comprende para no saber nada.

En la disciplina del comentario de textos se trata de otra clase de trabajo: "...la materia no sólo puede ser transformada, sino que también es posible hacerla desaparecer por completo. Puesto que vivimos desde hace ya casi medio siglo en la era atómica, sabemos que esta transformación de masa en energía se puede conseguir por dos vías: o bien dividiendo en dos los núcleos de un átomo (fisión) o bien fundiendo entre sí los núcleos de los átomos (fusión)." (La teoría de la relatividad)

Se trata de la producción de un significante aislado mediante dos caminos: una separación de la cadena significante o el descubrimiento de una unidad oculta en una aparente separación, es decir, una fisión o una fusión de la cadena significante. Mediante la destrucción material de la cadena y la caída de una letra, se produce un significante aislado (S1).

Así como la fisión y la fusión nuclear producen la destrucción de materia y la liberación de energía pura, de esta producción del S1 resulta una modificación del sujeto que consiste en un plus de orientación. La destrucción material de la cadena significante produce una modificación en su práctica, un efecto de formación.

De manera colateral en la fisión y la fusión parte de la liberación de energía se transforma en calor, un calor muchísimas veces mayor, incontrolable. Así los efectos de formación llevan aparejados efectos de sentido que se muestran paradójicos, incontrolables. Efectos de contrasentido.

En un efecto de formación no se produce una destrucción de sentido, lo cual es imposible, sino una explosión de sentido paradójico y gozoso del cual hay que tomar distancia, del cual la presencia de la paradoja es un indicador. Puede sentirse en el cuerpo y su transmisión constituye el *agalma* de una enseñanza.

Una manera de aproximarnos al texto que no es privativa del discurso analítico, pero de la que sólo este puede dar cuenta de lo que se trata. Es una lectura que recibe los efectos de la autorización que en el dispositivo le da el analista al sujeto para el libre encadenamiento significante. La asociación libre es definida en el segundo principio de un modo amplio: "El psicoanalista autoriza a tomar distancia de los hábitos, de las normas, de las reglas a las que el psicoanalizante se somete fuera de la sesión." (LAURENT, 2006) La regla técnica fundamental es una puesta al límite de las leyes del encadenamiento significante que al estar reprimidas, retornan creando sueños, lapsus, olvidos, así como actos fallidos y síntomas. Recordemos que Lacan subraya la ironía de Freud al llamarla libre, cuando por su despliegue se muestran precisamente las cadenas que a uno lo amarran (LACAN, La dirección de la cura y los principios de su poder, 2006, pág. 596).

Para que el trabajo teórico con los textos esté orientado a la formación psicoanalítica, y no se confunda con una comprensión hermenéutica, debe estar orientado por lo que constituye el corazón de esa misma formación, el análisis propiamente dicho. Un "fin del análisis" que debe ser entendido con el equívoco de que no sólo se trata de su término, sino también de su finalidad estratégica (LACAN, Prefacio a la edición inglesa del Seminario 11, 2012, pág. 600). Por lo tanto en la orientación de la cura los efectos de formación se verifican desde el inicio del tratamiento y abarcan los campos político, clínico y epistémico.

Graciela Brodsky en su testimonio como Analista de la Escuela nos ha recordado que este fin de análisis está designado también como "reintegrar el deseo a su causa", es decir que el analista funge como suplencia del objeto mientras se produce este acontecimiento. Un sujeto se está formando para reintegrar el deseo a su causa.

Para plantear que en la disciplina del comentario de textos se dan efectos de formación análogos a los que se dan en el transcurso de un análisis, lo primero es notar que si en la universidad se da por descontado que leer produce una formación, en nuestro caso hay que plantearse el problema de cómo y en qué circunstancias leer produciría formación. Según el primer principio del acto analítico "La interpretación se manifiesta tanto del lado del psicoanalizante como del lado del psicoanalista. Sin embargo, el uno y el otro no tienen la misma relación con el inconsciente pues uno ya hizo la experiencia hasta su término y el otro no." (LAURENT, 2006). Los efectos de interpretación fuera del dispositivo, que se dan en el psicoanalizante durante su análisis también pueden tener efectos de formación, siempre que se tenga en perspectiva el fin de un análisis. Esto es algo que cualquiera que esté en el dispositivo puede verificar.

Lo que se llama la interpretación psicoanalítica, los efectos de verdad en psicoanálisis, lo son en la medida en que funcionan en contrasentido al trabajo del inconsciente, es decir, que la interpretación analítica, que se manifiesta según el primer principio, tanto del lado del analista como del analizante, deberá producir S1. Sólo que del lado del analizante este S1 tenderá a reencadenarse, y del lado del analista no.

La interpretación analítica yendo en contrasentido de las leyes del proceso primario, no debe producir un nuevo sentido, sino efectos directos en el modo en que el sujeto se relaciona con el objeto, es decir, producirá efectos de formación psicoanalítica orientados a esta reintegración, aunque ni se le haya pasado por la cabeza funcionar algún día como analista. Por ello en la orientación lacaniana el único psicoanálisis que existe es el de formación, es decir, el psicoanálisis puro. De alguna manera podemos decir que la finalidad del psicoanálisis puro no tiene nada que ver con la formación de un psicoanalista en el sentido de alguien que realice ese oficio, y el hecho verificado de que alguien decida ocuparse de ese trabajo será otro efecto colateral del único análisis.

Fisión y fusión como productos de la ruptura material de la cadena significante en el proceso de formación analítica, son el reverso de metáfora y metonimia como leyes del proceso primario del trabajo del inconsciente. Se trata de examinar el modo como leemos, si está orientado a la producción de sentido, o a la de efectos de formación, si apuntamos técnicamente a la fusión y fisión significante, con la consecuente destrucción material de la cadena significante con un violento despliegue de contrasentido, o si por el contrario producimos un nuevo sentido con el cual sentirnos cómodos.

Se trata de producir una ruptura de una continuidad muy específica, y en un momento muy específico. La ruptura de la que se trata no es una metáfora sino una analogía, pues así como en la física es un hecho material, en psicoanálisis se trata de un hecho de discurso que consiste en la ruptura material de la cadena significante en virtud de los efectos de verdad y de la interpretación psicoanalítica.

El psicoanálisis puede plantearse una ruptura en la continuidad de la formación analítica de un determinado sujeto. Ruptura que se manifiesta como momentos de concluir a lo largo del tiempo sin que haya conclusión definitiva en relación con la teoría.

Lo que buscamos son juicios resolutorios cuyo efecto de verdad, señalado por un contrasentido, abra como una llave la vía para nuevos juicios resolutorios. Significantes unarios que contienen una utilidad restringida a la propia formación, pero que modifican la propia práctica y que si pueden ser transmitidos, producen efectos de enseñanza y de escuela. Esto plantea una ruptura en la continuidad, porque para poder transmitirlos hay que remitirse a la teoría, que pasa aquí de premisa de una conclusión a soporte de una mostración frente a la Escuela. Como estos significantes pueden remitirse más a su propia materialidad que a otro significante, son equivalentes a letras que pueden dar testimonio del acto de ruptura material de la cadena significante. No representan al sujeto, sino que son el producto de la relación de causación del sujeto por un determinado objeto, cuyo lugar ocupa provisionalmente un psicoanalista, mientras se produce el acontecimiento de la reintegración del deseo del sujeto a su causa.

Carlos Márquez

Trabajos citados

FREUD, S. (2004). Psicología de las masas y análisis del yo. En *Obras Completas, Volumen XVIII*. Buenos Aires: Amorrortu.

GILSON, E. (1958). *La filosofía en la Edad Media. Tomos 1 y 2*. Salamanca: Sígueme.

La teoría de la relatividad. (s.f.). Recuperado el 01 de 04 de 2014, de Escolar.com: http://www.escolar.com/article-php-sid=32.html

LACAN, J. (2006). De un designio. En *Obras escogidas I*. Barcelona: RBC.

LACAN, J. (2006). El tiempo lógico y el aserto de certidumbre anticipada. En *Obras Escogidas I*. Barcelona: RBA.

LACAN, J. (2006). La dirección de la cura y los principios de su poder. En *Obras escogidas I*. Barcelona: RBA.

LACAN, J. (2012). Prefacio a la edición inglesa del Seminario 11. En *Otros escritos*. Buenos Aires: Paidós.

LAURENT, E. (2006). *Principios rectores del acto analítico*. Recuperado el 01 de enero de 2014, de http://ampblog2006.blogspot.com/2006/09/principios-rectores-del-acto-analtico.html